① 믿음직하고 단정한 글씨

악필 고치는
손글씨 연습

책읽는달

손글씨 연습 가이드

정자체, 필기체, 펜글씨로 연습?
개성 있는 나만의 글씨체로 악필 탈출!
시험도, 취업도, 취미도 악필 교정이 먼저다

《악필 고치는 손글씨 연습》(1권, 2권)에서는 믿음직하고 단정한 글씨 편과 부드럽고 예쁜 글씨 편, 두 가지 스타일을 연습할 수 있도록 구성했습니다.
1권《믿음직하고 단정한 글씨》편은 자음과 모음의 균형이 잘 이루어지고 바른 글씨체의 기본이 됩니다. 비즈니스와 공문서 등에 두루 쓰기 좋은 정자체로 단정하면서도 힘이 있어, 신뢰감과 정돈된 느낌을 줍니다.
2권《부드럽고 예쁜 글씨》편은 손글씨 특유의 자연스러움을 한껏 살렸으며 간결함이 돋보이면서 귀엽고 예쁜 손글씨의 느낌을 내는 데 좋습니다.

1권《믿음직하고 단정한 글씨》에서는 '바르고 믿음직한 글씨체', '친근하고 예쁜 글씨체', '단정하고 부드러운 글씨체' 등 세 개의 글씨체를 익힐 수 있습니다. 마음에 드는 서체를 골라 자기의 서체로 계발해 보세요.

또한 여러분이 따라 쓰면 좋은 명언과 명문장들을 골라 실었습니다. 의미 없는 문장의 따라 쓰기가 아닌, 실생활과 마음 수양에 도움이 되는 보석 같은 명언과 명문장으로 구성했습니다.

1장에서는 자음과 모음을 연습하며 손글씨를 익히세요.

먼저 자음과 모음을 따라 쓰며 연습하세요.
그다음, 모음과 이중모음을 따라 써 보세요.
자음과 모음이 익숙해졌다면 받침과 겹받침을 따라 써 보세요.

2장에서는 따라 쓰며 나만의 손글씨를 완성해 보세요.

'삶의 자세를 위한 명언과 명문장'을 따라 쓰며 명언이 주는 인생의 반짝이는 통찰을 느끼며 마음속에 훌륭한 문장들을 차곡차곡 쌓아 보세요.
'도전을 응원하는 명언과 명문장'을 따라 쓰며 힘들 때 용기가 되고, 길을 잃었을 때 나침반이 되기를 기원합니다.
'긍정의 힘을 키우는 명언과 명문장'을 따라 쓰며 지치고 반복되는 일상에 따스한 위로를 받으세요. 반짝이는 영감과 활력을 불어넣는 문장들이 희망이 되길 바랍니다.

차례

바르고 믿음직한 글씨체 — 삶

1. 자음과 모음 연습하며 손글씨 익히기 　008

- ❶ 자음 쓰기
- ❷ 모음과 이중모음 쓰기
- ❸ 받침과 겹받침 쓰기

2. 따라 쓰며 나만의 손글씨 완성하기 　022

삶의 자세를 위한 명언과 명문장

친근하고 예쁜 글씨체 — 도전

1. 자음과 모음 연습하며 손글씨 익히기 　042

- ❶ 자음 쓰기
- ❷ 모음과 이중모음 쓰기
- ❸ 받침과 겹받침 쓰기

2. 따라 쓰며 나만의 손글씨 완성하기 　056

도전을 응원하는 명언과 명문장

단정하고 부드러운 글씨체

1. 자음과 모음 연습하며 손글씨 익히기　　　　　　　　　　076

❶ 자음 쓰기

❷ 모음과 이중모음 쓰기

❸ 받침과 겹받침 쓰기

2. 따라 쓰며 나만의 손글씨 완성하기　　　　　　　　　　090

긍정의 힘을 키우는 명언과 명문장

자음과 모음의 균형이 잘 이루어지고 바른 글씨체의 기본이 된다. 비즈니스와 공문서 등에 두루 쓰기 좋은 정자체로 단정하면서도 힘이 있어, 보는 사람에게 신뢰감을 준다. 과도한 장식을 배제한 서체로 쓰면서 익히기에 좋다.

반드시 성공해야 하는 건 아니지만, 소신을 가지고 살아야 할 필요는 있다.

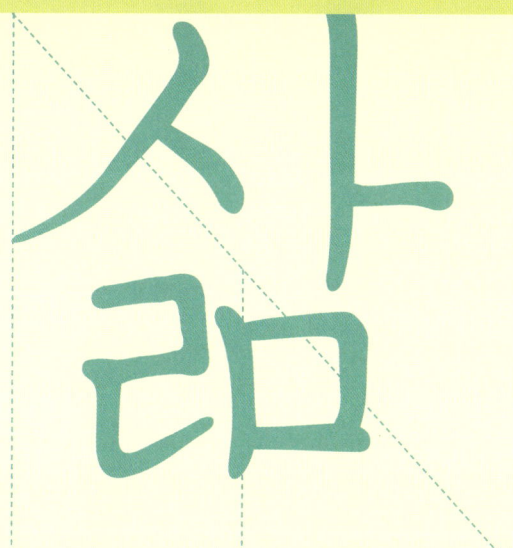

바르고 믿음직한 글씨체

1. **자음과 모음 연습하며 손글씨 익히기**
   - ❶ 자음 쓰기
   - ❷ 모음과 이중모음 쓰기
   - ❸ 받침과 겹받침 쓰기

2. **따라 쓰며 나만의 손글씨 완성하기**
   - 삶의 자세를 위한 명언과 명문장

친근하고 예쁜 글씨체

1. **자음과 모음 연습하며 손글씨 익히기**
   - ❶ 자음 쓰기
   - ❷ 모음과 이중모음 쓰기
   - ❸ 받침과 겹받침 쓰기

2. **따라 쓰며 나만의 손글씨 완성하기**
   - 도전을 응원하는 명언과 명문장

단정하고 부드러운 글씨체

1. **자음과 모음 연습하며 손글씨 익히기**
   - ❶ 자음 쓰기
   - ❷ 모음과 이중모음 쓰기
   - ❸ 받침과 겹받침 쓰기

2. **따라 쓰며 나만의 손글씨 완성하기**
   - 긍정의 힘을 키우는 명언과 명문장

 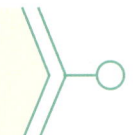

ㄱ의 세로선은 가로선보다 길게, 가볍게 긋습니다.
ㅏ의 가로선은 가운데보다 아래에 위치하도록 합니다.

① 자음 쓰기

| 가 | 가 | 가 | 가 | 가 | 가 | 가 | 가 | 가 | 가 | 가 | 가 | 가 | 가 |

② 모음과 이중모음 쓰기

| 갸 | 거 | 겨 | 고 | 교 | 구 | 규 | 그 | 귀 | 괘 | 계 | 괴 | 기 |

③ 받침과 겹받침 쓰기

| 각 | 곤 | 걷 | 굴 | 곰 | 갑 | 곳 | 괄 | 갉 | 굼 | 곯 | 곶 | 깃 |

ㄴ의 가로선은 세로선보다 길게 하되, 꺾이는 부분은 반듯하게 꺾습니다.
ㄴ과 ㅏ는 붙여 쓰도록 유의합니다.

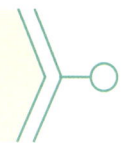

❶ 자음 쓰기

나	나	나	나	나	나	나	나	나	나	나	나	나
나	나	나	나	나	나	나	나	나	나	나	나	나

❷ 모음과 이중모음 쓰기

냐	너	녀	노	뇨	누	뉴	느	녜	뇌	뉘	네	니
냐	너	녀	노	뇨	누	뉴	느	녜	뇌	뉘	네	니

❸ 받침과 겹받침 쓰기

낙	눈	넝	눌	남	눕	낯	넣	낡	넜	낫	넓	농
낙	눈	넝	눌	남	눕	낯	넣	낡	넜	낫	넓	농

ㄷ의 아래 가로선을 좀 더 길게 그립니다.
ㅏ의 윗부분은 조금 삐치도록 합니다.

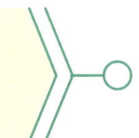

❶ 자음 쓰기

다	다	다	다	다	다	다	다	다	다	다	다	다	다
다	다	다	다	다	다	다	다	다	다	다	다	다	다

❷ 모음과 이중모음 쓰기

댜	더	뎌	도	됴	두	드	디	뒤	돼	대	데	되
댜	더	뎌	도	됴	두	드	디	뒤	돼	대	데	되

❸ 받침과 겹받침 쓰기

닥	돈	덜	둘	담	둡	덧	닿	닭	닮	덧	당	둑
닥	돈	덜	둘	담	둡	덧	닿	닭	닮	덧	당	둑

ㄹ의 중간 가로선은 조금 더 나오도록 길게 긋습니다.
ㅏ의 가로선은 중간 부분보다 더 아래쪽에 긋되, 아래로 기울어지게 합니다.

❶ 자음 쓰기

라	라	라	라	라	라	라	라	라	라	라	라	라
라	라	라	라	라	라	라	라	라	라	라	라	라

❷ 모음과 이중모음 쓰기

랴	러	려	로	료	루	류	르	리	례	뤼	래	레
랴	러	려	로	료	루	류	르	리	례	뤼	래	레

❸ 받침과 겹받침 쓰기

락	룬	럴	룰	람	룹	랏	렁	룩	랑	럭	룸	란
락	룬	럴	룰	람	룹	랏	렁	룩	랑	럭	룸	란

ㅁ의 앞 세로선은 길게 내리되, 바깥으로 조금 나가도록 합니다.
ㅁ의 위 가로선은 짧게 하되, 공간을 둡니다.

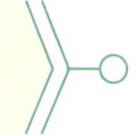

❶ 자음 쓰기

마	마	마	마	마	마	마	마	마	마	마	마	마
마	마	마	마	마	마	마	마	마	마	마	마	마

❷ 모음과 이중모음 쓰기

먀	머	며	모	묘	무	뮤	므	뮈	뫼	매	메	미
먀	머	며	모	묘	무	뮤	므	뮈	뫼	매	메	미

❸ 받침과 겹받침 쓰기

막	문	맏	멀	뭄	밥	멍	뭇	맑	못	맞	먼	몽
막	문	맏	멀	뭄	밥	멍	뭇	맑	못	맞	먼	몽

자음과 모음 연습하며 손글씨 익히기

ㅂ은 앞 세로선은 짧게, 뒤 세로선은 길게 내립니다.
ㅂ의 위 가로선은 짧게 그리되, 옆의 세로선과 붙지 않도록 합니다.

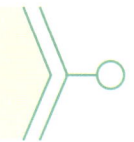

① 자음 쓰기

바	바	바	바	바	바	바	바	바	바	바	바	바
바	바	바	바	바	바	바	바	바	바	바	바	바

② 모음과 이중모음 쓰기

뱌	버	벼	보	뵤	부	뷰	브	뷔	봬	뵈	배	비
뱌	버	벼	보	뵤	부	뷰	브	뷔	봬	뵈	배	비

③ 받침과 겹받침 쓰기

박	분	받	벌	밤	법	붕	벗	밟	붉	방	벚	빛
박	분	받	벌	밤	법	붕	벗	밟	붉	방	벚	빛

ㅅ은 약간 삐치게 그립니다.
ㅅ의 첫 번째 획은 길게, 부드럽게 내려씁니다.

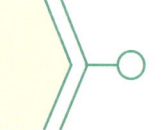

❶ 자음 쓰기

사	사	사	사	사	사	사	사	사	사	사	사	사
사	사	사	사	사	사	사	사	사	사	사	사	사

❷ 모음과 이중모음 쓰기

샤	서	셔	소	쇼	수	슈	스	쉬	쇄	새	쇠	시
샤	서	셔	소	쇼	수	슈	스	쉬	쇄	새	쇠	시

❸ 받침과 겹받침 쓰기

삭	순	숟	설	숨	섭	상	숫	샀	삼	숯	샅	숲
삭	순	숟	설	숨	섭	상	숫	샀	삼	숯	샅	숲

ㅇ은 둥글고 예쁘게 그려 줍니다.
ㅏ는 위가 약간 삐치도록 하며 힘차게 내립니다.

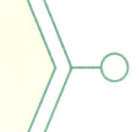

❶ 자음 쓰기

아	아	아	아	아	아	아	아	아	아	아	아	아	아
아	아	아	아	아	아	아	아	아	아	아	아	아	아

❷ 모음과 이중모음 쓰기

야	어	여	오	요	우	유	으	위	왜	의	예	이
야	어	여	오	요	우	유	으	위	왜	의	예	이

❸ 받침과 겹받침 쓰기

악	운	울	움	업	웃	앙	앉	않	읽	얼	안	잇
악	운	울	움	업	웃	앙	앉	않	읽	얼	안	잇

ㅈ의 세로선은 약간 꺾듯이 내려씁니다.
ㅅ 모양에서 첫 번째 획은 길게, 두 번째 획은 짧게 합니다.

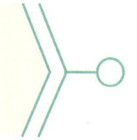

① 자음 쓰기

자	자	자	자	자	자	자	자	자	자	자	자	자
자	자	자	자	자	자	자	자	자	자	자	자	자

② 모음과 이중모음 쓰기

쟈	저	져	조	죠	주	쥬	즈	지	죄	재	제	쥐
쟈	저	져	조	죠	주	쥬	즈	지	죄	재	제	쥐

③ 받침과 겹받침 쓰기

작	준	절	줌	접	장	줏	젖	줍	잖	적	잘	징
작	준	절	줌	접	장	줏	젖	줍	잖	적	잘	징

ㅊ의 맨 윗점은 짧게, 기울어지게 합니다.
왼쪽 세로선은 길게, 오른쪽 세로선은 짧게 그립니다.

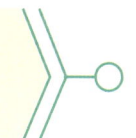

❶ 자음 쓰기

| 차 | 차 | 차 | 차 | 차 | 차 | 차 | 차 | 차 | 차 | 차 | 차 | 차 |

❷ 모음과 이중모음 쓰기

| 챠 | 처 | 쳐 | 초 | 쵸 | 추 | 츄 | 츠 | 최 | 취 | 채 | 체 | 치 |

❸ 받침과 겹받침 쓰기

| 착 | 춘 | 출 | 참 | 첩 | 첫 | 충 | 촌 | 창 | 챪 | 척 | 총 | 찾 |

ㅋ의 위 가로선은 짧게 그립니다.
ㅋ의 아래 가로선은 길게 그리고, 아래에서 위로 기울어지게 합니다.

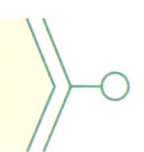

❶ 자음 쓰기

카	카	카	카	카	카	카	카	카	카	카	카	카	카
카	카	카	카	카	카	카	카	카	카	카	카	카	카

❷ 모음과 이중모음 쓰기

캬	커	켜	코	쿄	쿠	큐	크	퀴	쾌	캐	케	쾨
캬	커	켜	코	쿄	쿠	큐	크	퀴	쾌	캐	케	쾨

❸ 받침과 겹받침 쓰기

칵	쿤	컬	쿰	컵	쿳	캉	컥	칸	컴	컨	쿨	컹
칵	쿤	컬	쿰	컵	쿳	캉	컥	칸	컴	컨	쿨	컹

ㅌ의 가로선은 맨 아래가 가장 길도록 합니다.
ㅌ과 ㅏ가 서로 붙도록 합니다.

① 자음 쓰기

타	타	타	타	타	타	타	타	타	타	타	타	타
타	타	타	타	타	타	타	타	타	타	타	타	타

② 모음과 이중모음 쓰기

탸	터	텨	토	툐	투	튜	트	퇴	퇘	태	테	튀
탸	터	텨	토	툐	투	튜	트	퇴	퇘	태	테	튀

③ 받침과 겹받침 쓰기

탁	튠	탈	툼	텁	툿	탕	턱	탄	틸	턴	툴	팅
탁	튠	탈	툼	텁	툿	탕	턱	탄	틸	턴	툴	팅

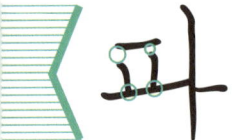

ㅍ의 위 가로선은 짧게, 아래 가로선은 길게 그립니다.
ㅍ의 세로선은 둘 다 위 가로선과 닿지 않도록 유의하되, 뒤의 세로선은 조금 더 길게 합니다.

❶ 자음 쓰기

파	파	파	파	파	파	파	파	파	파	파	파	파
파	파	파	파	파	파	파	파	파	파	파	파	파

❷ 모음과 이중모음 쓰기

파	퍼	펴	포	표	푸	퓨	프	피	폐	패	페	푀
파	퍼	펴	포	표	푸	퓨	프	피	폐	패	페	푀

❸ 받침과 겹받침 쓰기

팍	푼	풀	품	펍	풋	펑	팥	퍽	필	펀	팡	펌
팍	푼	풀	품	펍	풋	펑	팥	퍽	필	펀	팡	펌

ㅎ의 윗점은 위에서 아래로 삐칩니다.
ㅎ의 가로선과 동그라미의 폭을 비슷하게 만들어 줍니다.

❶ 자음 쓰기

하	하	하	하	하	하	하	하	하	하	하	하	하	하
하	하	하	하	하	하	하	하	하	하	하	하	하	하

❷ 모음과 이중모음 쓰기

햐	허	혀	호	효	후	휴	흐	히	혜	휘	회	화
햐	허	혀	호	효	후	휴	흐	히	혜	휘	회	화

❸ 받침과 겹받침 쓰기

학	훈	훌	함	협	훗	헝	힌	흙	핥	헉	홈	힝
학	훈	훌	함	협	훗	헝	힌	흙	핥	헉	홈	힝

삶의 자세를 위한 명언과 명문장

생각의 씨를 뿌리면 행동의 열매를 얻는다. 행동의 씨를 뿌리면 습관의 열매를 얻는다. 습관의 씨를 뿌리면 인격의 열매를 얻는다. 인격의 씨를 뿌리면 운명의 열매를 얻는다.

— 인디언 명언

반드시 이겨야 하는 건 아니지만 진실할 필요는 있다. 반드시 성공해야 하는 건 아니지만, 소신을 가지고 살아야 할 필요는 있다.

— 에이브러햄 링컨

그대는 인생을 사랑하는가? 그렇다면 시간을 낭비하지 마라. 시간이야말로 인생을 형성하는 재료이기 때문이다.

— 벤저민 프랭클린

과거를 뒤돌아보지 마라. 현재를 믿어라. 그리고 씩씩하게 미래를 맞이하라.

— 롱펠로

인생의 어떤 것도 두려움의 대상은 아니다. 이해해야 할 대상일 뿐이다.

— 마리 퀴리

만약 신이 한 쪽 문을 닫으면 다른 쪽 문이 열린다.

— 아일랜드 속담

나는 간소하면서 아무 허세도 없
는 생활이야말로 모든 사람에게
육체를 위해서나 정신을 위해서나
최상의 것이라고 생각한다.

　　　　　　　- 알베르트 아인슈타인

시간이란 없다. 우리 온 인생이 집
약된 현재의 순간이 있을 뿐이다.
그러니 지금 이 순간에 모든 노력
을 집중하라.

　　　　　　　- 레프 톨스토이

보는 것이 넓으면 망설이지 않고,
듣는 것이 총명하면 유혹되지 않
는다.

　　　　　　　- 묵자

불행을 불행으로서 끝을 내는 사
람은 지혜가 없는 사람이다. 불행
앞에 우는 사람이 되지 말고, 불
행을 하나의 출발점으로 이용할
수 있는 사람이 되라.

　　　　　　　- 오노레 드 발자크

나 자신을 구할 수 있는 것은 나
뿐이다. 누구도 나를 구해줄 수
없고, 구해 주려 하지 않을 것이
다. 스스로 내 삶의 길을 걸어가
야 한다.

　　　　　　　- 부처

누군가에게 깊이 사랑받고 있다는
사실은 우리에게 힘을 주지만, 누
군가를 깊이 사랑한다는 사실은
우리에게 용기를 준다.

　　　　　　　- 노자

삶의 자세를 위한 명언과 명문장

하루의 생활을 다음과 같이 시작하면 좋을 것이다. 즉 눈을 떴을 때 오늘 단 한 사람에게라도 좋으니 그가 기뻐할 만한 무슨 일을 할 수 없을까 생각하라.

― 프리드리히 니체

타인의 비판은 되도록 받아들이는 것이 좋지만 타인의 판단은 따로 두는 것이 현명하다.

― 윌리엄 셰익스피어

인생은 흘러가는 것이 아니라 채워지는 것이다. 우리는 하루하루를 보내는 것이 아니라 내가 가진 무엇으로 채워가는 것이다.

― 존 러스킨

사나운 말도 잘 길들이면 명마가 되고, 품질이 나쁜 쇠붙이도 잘 다루면 훌륭한 그릇이 되듯이 타고난 천성이 좋지 않아도 열심히 노력하면 뛰어난 인물이 될 수 있다.

― 채근담

화가 났을 때 자신에게 하루만 시간을 주라. 그것이 너그러운 사람이 되는 비결이다.

― 앤드루 카네기

행복의 문 하나가 닫히면 다른 문들이 열린다. 그러나 우리는 대개 닫힌 문들을 멍하니 바라보다가 우리를 향해 열린 문을 보지 못한다.

― 헬렌 켈러

행복과 불행은 그 크기가 정해져 있는 것은 아니다. 다만 그것을 받아들이는 사람의 마음에 따라서 작은 것도 커지고 큰 것도 작아질 수 있는 것이다.

– 프랑수아 드 라 로슈푸코

행복을 자신의 두 손안에 꽉 잡고 있을 때는 그 행복이 항상 작아 보이지만 그것을 풀어준 후에야 비로소 그 행복이 얼마나 크고 귀중했던지 알 수 있다.

– 막심 고리키

너를 칭찬하고 따르는 친구도 있을 것이며, 너를 비난하고 비판하는 친구도 있을 것이다. 너를 비난하는 친구와 가까이 지내도록 하고 너를 칭찬하는 친구와 멀리하라.

– 탈무드

마지막으로 침묵하면서 작별인사를 할 때까지 두 사람이 한마음으로 일하고 성공과 실패도 같이 나누는 것은 정말이지 멋진 일이다.

– 조지 엘리엇

친절한 말은 봄볕과 같이 따사롭다.

– 러시아 속담

생각의 씨를 뿌리면 행동의 열매를 얻는다. 행동의

생각의 씨를 뿌리면 행동의 열매를 얻는다. 행동의

씨를 뿌리면 습관의 열매를 얻는다. 습관의 씨를

씨를 뿌리면 습관의 열매를 얻는다. 습관의 씨를

뿌리면 인격의 열매를 얻는다. 인격의 씨를 뿌리면

뿌리면 인격의 열매를 얻는다. 인격의 씨를 뿌리면

운명의 열매를 얻는다. 반드시 이겨야 하는 건

운명의 열매를 얻는다. 반드시 이겨야 하는 건

아니지만 진실할 필요는 있다. 반드시 성공해야

하는 건 아니지만, 소신을 가지고 살아야 할

필요는 있다. 그대는 인생을 사랑하는가? 그렇다면

시간을 낭비하지 마라. 시간이야말로 인생을 형성

하는 재료이기 때문이다. 과거를 뒤돌아보지 마라.

하는 재료이기 때문이다. 과거를 뒤돌아보지 마라.

현재를 믿어라. 그리고 씩씩하게 미래를 맞아라.

현재를 믿어라. 그리고 씩씩하게 미래를 맞아라.

인생의 어떤 것도 두려움의 대상은 아니다.

인생의 어떤 것도 두려움의 대상은 아니다.

이해해야 할 대상일 뿐이다. 만약 신이 한 쪽 문을

이해해야 할 대상일 뿐이다. 만약 신이 한 쪽 문을

닫으면 다른 쪽 문이 열린다. 나는 간소하면서 아무

허세도 없는 생활이야말로 모든 사람에게 육체를

위해서나 정신을 위해서나 최상의 것이라고

생각한다. 시간이란 없다. 우리 온 인생이 집약된

현재의 순간이 있을 뿐이다. 그러니 지금 이 순간에

모든 노력을 집중하라. 보는 것이 넓으면 망설이지

않고, 듣는 것이 총명하면 유혹되지 않는다. 불행을

불행으로서 끝을 내는 사람은 지혜가 없는 사람

이다. 불행 앞에 우는 사람이 되지 말고, 불행을

하나의 출발점으로 이용할 수 있는 사람이 되라.

나 자신을 구할 수 있는 것은 나뿐이다. 누구도 나를

구해줄 수 없고, 구해 주려 하지 않을 것이다. 스스로

내 삶의 길을 걸어가야 한다. 누군가에게 깊이

사랑받고 있다는 사실은 우리에게 힘을 주지만,

누군가를 깊이 사랑한다는 사실은 우리에게

용기를 준다. 하루의 생활을 다음과 같이

시작하면 좋을 것이다. 즉 눈을 떴을 때 오늘 단

한 사람에게라도 좋으니 그가 기뻐할 만한 무슨

일을 할 수 없을까 생각하라. 타인의 비판은 되도록

받아들이는 것이 좋지만 타인의 판단은 따로 두는

것이 현명하다. 인생은 흘러가는 것이 아니라
것이 현명하다. 인생은 흘러가는 것이 아니라

채워지는 것이다. 우리는 하루하루를 보내는 것이
채워지는 것이다. 우리는 하루하루를 보내는 것이

아니라 내가 가진 무엇으로 채워가는 것이다.
아니라 내가 가진 무엇으로 채워가는 것이다.

사나운 말도 잘 길들이면 명마가 되고, 품질이 나쁜
사나운 말도 잘 길들이면 명마가 되고, 품질이 나쁜

쇠붙이도 잘 다루면 훌륭한 그릇이 되듯이 타고난

천성이 좋지 않아도 열심히 노력하면 뛰어난 인물이

될 수 있다. 화가 났을 때 자신에게 하루만 시간을

주라. 그것이 너그러운 사람이 되는 비결이다.

행복의 문 하나가 닫히면 다른 문들이 열린다.

그러나 우리는 대개 닫힌 문들을 멍하니 바라보다가

우리를 향해 열린 문을 보지 못한다. 행복과

불행은 그 크기가 정해져 있는 것은 아니다. 다만

그것을 받아들이는 사람의 마음에 따라서 작은

것도 커지고 큰 것도 작아질 수 있는 것이다. 행복을

자신의 두 손안에 꽉 잡고 있을 때는 그 행복이 항상

작아 보이지만 그것을 풀어준 후에야 비로소 그

행복이 얼마나 크고 커중했던지 알 수 있다. 너를

행복이 얼마나 크고 커중했던지 알 수 있다. 너를

칭찬하고 따르는 친구도 있을 것이며, 너를 비난하고

칭찬하고 따르는 친구도 있을 것이며, 너를 비난하고

비판하는 친구도 있을 것이다. 너를 비난하는

비판하는 친구도 있을 것이다. 너를 비난하는

친구와 가까이 지내도록 하고 너를 칭찬하는

친구와 가까이 지내도록 하고 너를 칭찬하는

친구와 멀리하라. 마지막으로 침묵하면서 작별

인사를 할 때까지 두 사람이 한마음으로 일하고

성공과 실패도 같이 나누는 것은 정말이지 멋진

일이다. 친절한 말은 봄볕과 같이 따사롭다.

붓으로 쓴 듯 자연스러운 느낌을 살린 글씨체로 힘 있고 간결한 것이 특징이다. 현대적인 이미지와 세련됨이 어우러지기 때문에 편지글, 메모와 잘 어울린다. 자음과 모음이 연결되는 글자가 많으니 부드럽게 이어 쓰도록 한다.

길을 가다가 돌이 나타나면
약한 사람은 그것을 걸림돌이라고
말하며, 강한 사람은 그것을
디딤돌이라고 말한다.

바르고 믿음직한 글씨체

1. 자음과 모음 연습하며 손글씨 익히기
   ① 자음 쓰기
   ② 모음과 이중모음 쓰기
   ③ 받침과 겹받침 쓰기

2. 따라 쓰며 나만의 손글씨 완성하기
   삶의 자세를 위한 명언과 명문장

친근하고 예쁜 글씨체

1. 자음과 모음 연습하며 손글씨 익히기
   ① 자음 쓰기
   ② 모음과 이중모음 쓰기
   ③ 받침과 겹받침 쓰기

2. 따라 쓰며 나만의 손글씨 완성하기
   도전을 응원하는 명언과 명문장

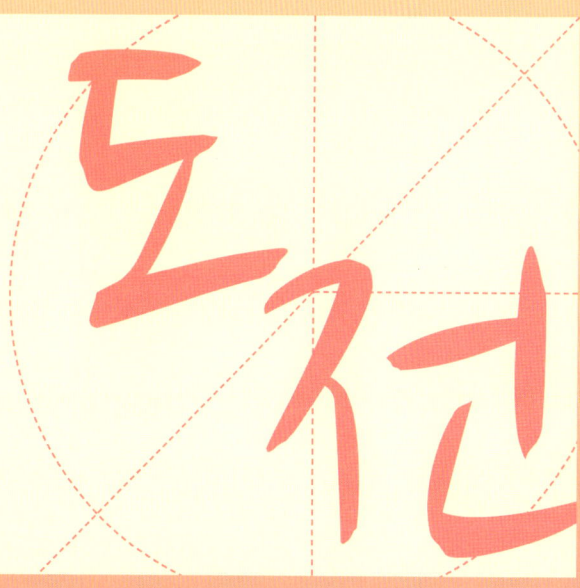

단정하고 부드러운 글씨체

1. 자음과 모음 연습하며 손글씨 익히기
   ① 자음 쓰기
   ② 모음과 이중모음 쓰기
   ③ 받침과 겹받침 쓰기

2. 따라 쓰며 나만의 손글씨 완성하기
   긍정의 힘을 키우는 명언과 명문장

 ㄱ의 가로선은 아래에서 위로 올라가게 그립니다.
ㄱ의 세로선이 지나치게 기울여지지 않도록 유의합니다.
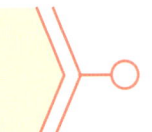

❶ 자음 쓰기

가	가	가	가	가	가	가	가	가	가	가	가	가	가
가	가	가	가	가	가	가	가	가	가	가	가	가	가

❷ 모음과 이중모음 쓰기

갸	거	겨	고	교	구	규	그	귀	괘	게	괴	기
갸	거	겨	고	교	구	규	그	귀	괘	게	괴	기

❸ 받침과 겹받침 쓰기

각	근	걷	굴	곰	갑	곳	괄	갉	굶	굻	곶	깃
각	근	걷	굴	곰	갑	곳	괄	갉	굶	굻	곶	깃

ㄴ의 가로선은 끝을 살짝 올립니다.
ㅏ의 가로선은 가운데보다 위쪽에 위치하도록 합니다.

❶ 자음 쓰기

| 나 | 나 | 나 | 나 | 나 | 나 | 나 | 나 | 나 | 나 | 나 | 나 | 나 |

❷ 모음과 이중모음 쓰기

| 냐 | 너 | 녀 | 노 | 뇨 | 누 | 뉴 | 느 | 네 | 뇌 | 뉘 | 니 |

❸ 받침과 겹받침 쓰기

| 낙 | 논 | 녕 | 눌 | 남 | 늡 | 낯 | 냉 | 낡 | 넋 | 낫 | 넓 | 농 |

ㄷ의 아래 가로선은 힘차게 위로 향하도록 합니다.
ㅏ의 세로선은 짧게 긋도록 주의합니다.

① 자음 쓰기

다	다	다	다	다	다	다	다	다	다	다	다	다
다	다	다	다	다	다	다	다	다	다	다	다	다

② 모음과 이중모음 쓰기

댜	더	뎌	도	됴	두	드	디	뒤	돼	대	데	되
댜	더	뎌	도	됴	두	드	디	뒤	돼	대	데	되

③ 받침과 겹받침 쓰기

닥	돈	덜	둘	담	듭	덧	닿	달	닮	덧	당	둑
닥	돈	덜	둘	담	듭	덧	닿	달	닮	덧	당	둑

 ㄹ의 세로선은 모두 기울여지게 긋습니다.
ㄹ의 맨 아래 가로선은 아래에서 위로 향하도록 합니다.
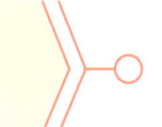

❶ 자음 쓰기

라	라	라	라	라	라	라	라	라	라	라	라	라
라	라	라	라	라	라	라	라	라	라	라	라	라

❷ 모음과 이중모음 쓰기

라	러	려	로	료	루	류	르	리	레	뤼	래	레
라	러	려	로	료	루	류	르	리	레	뤼	래	레

❸ 받침과 겹받침 쓰기

락	룬	럴	룰	람	륨	랏	렁	룩	랑	럭	룸	란
락	룬	럴	룰	람	륨	랏	렁	룩	랑	럭	룸	란

ㅁ의 가로선과 세로선은 닿지 않도록 합니다.
ㅁ의 아래 가로선은 ㅏ쪽을 향해 위로 뻗습니다.

① 자음 쓰기

마	마	마	마	마	마	마	마	마	마	마	마	마
마	마	마	마	마	마	마	마	마	마	마	마	마

② 모음과 이중모음 쓰기

마	머	며	모	묘	무	뮤	므	뮈	미	매	메	미
마	머	며	모	묘	무	뮤	므	뮈	미	매	메	미

③ 받침과 겹받침 쓰기

막	문	만	멸	품	맙	멍	못	맑	목	맞	먼	몽
막	문	만	멸	품	맙	멍	못	맑	목	맞	먼	몽

ㅂ의 뒤 세로선은 앞 세로선보다 길게 합니다.
ㅂ의 가로선은 앞 세로선과 닿지 않도록 하며 부드럽고 둥글게 말아 올립니다.

❶ 자음 쓰기

바	바	바	바	바	바	바	바	바	바	바	바	바
바	바	바	바	바	바	바	바	바	바	바	바	바

❷ 모음과 이중모음 쓰기

바	버	벼	보	본	부	뷰	브	뷔	봬	뵈	배	비
바	버	벼	보	본	부	뷰	브	뷔	봬	뵈	배	비

❸ 받침과 겹받침 쓰기

밖	분	받	별	밤	법	봉	벗	밟	불	방	볓	빛
밖	분	받	별	밤	법	봉	벗	밟	불	방	볓	빛

ㅅ의 첫 번째 획은 짧게, 두 번째 획은 길게 씁니다.
첫 번째 획과 두 번째 획은 서로 닿지 않도록 합니다.

❶ 자음 쓰기

사	사	사	사	사	사	사	사	사	사	사	사	사
사	사	사	사	사	사	사	사	사	사	사	사	사

❷ 모음과 이중모음 쓰기

샤	서	셔	소	쇼	수	슈	스	쉬	쇄	새	쇠	시
샤	서	셔	소	쇼	수	슈	스	쉬	쇄	새	쇠	시

❸ 받침과 겹받침 쓰기

삭	순	슴	설	숨	섭	상	숫	샀	삶	숯	샅	슾
삭	순	슴	설	숨	섭	상	숫	샀	삶	숯	샅	슾

ㅇ의 동그라미는 세로로 길게, 위의 점이 약간 나오도록 합니다.
ㅏ의 세로선은 짧게 내립니다.

① 자음 쓰기

아	아	아	아	아	아	아	아	아	아	아	아	아
아	아	아	아	아	아	아	아	아	아	아	아	아

② 모음과 이중모음 쓰기

야	어	여	오	요	우	유	으	위	왜	의	예	이
야	어	여	오	요	우	유	으	위	왜	의	예	이

③ 받침과 겹받침 쓰기

악	운	울	움	엄	웃	앙	앉	않	읽	얼	안	잇
악	운	울	움	엄	웃	앙	앉	않	읽	얼	안	잇

ㅈ의 두 번째 획의 각도에 유의하며 짧게 내립니다.
ㅈ의 세 번째 획은 직각에 가깝게, 길게 내립니다.

① 자음 쓰기

자	자	자	자	자	자	자	자	자	자	자	자	자	자
자	자	자	자	자	자	자	자	자	자	자	자	자	자

② 모음과 이중모음 쓰기

쟈	저	져	조	죠	주	쥬	즈	지	졔	재	제	쥐
쟈	저	져	조	죠	주	쥬	즈	지	졔	재	제	쥐

③ 받침과 겹받침 쓰기

작	준	절	줌	접	장	줏	젖	즙	잖	적	잘	징
작	준	절	줌	접	장	줏	젖	즙	잖	적	잘	징

 자와 비슷하나, 공간은 더욱 크게, 세 번째 획은 더 비스듬히 내립니다.
ㅏ는 자의 ㅏ 보다 세로선을 더 짧게 하도록 유의합니다.

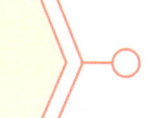

① 자음 쓰기

| 차 | 차 | 차 | 차 | 차 | 차 | 차 | 차 | 차 | 차 | 차 | 차 | 차 |
| 차 | 차 | 차 | 차 | 차 | 차 | 차 | 차 | 차 | 차 | 차 | 차 | 차 |

② 모음과 이중모음 쓰기

| 차 | 처 | 쳐 | 초 | 쵸 | 추 | 츄 | 츠 | 최 | 취 | 채 | 체 | 치 |
| 차 | 처 | 쳐 | 초 | 쵸 | 추 | 츄 | 츠 | 최 | 취 | 채 | 체 | 치 |

③ 받침과 겹받침 쓰기

| 착 | 춘 | 출 | 참 | 첩 | 첫 | 충 | 촌 | 창 | 찰 | 척 | 총 | 찾 |
| 착 | 춘 | 출 | 참 | 첩 | 첫 | 충 | 촌 | 창 | 찰 | 척 | 총 | 찾 |

 ㅋ의 아래 세로선은 길게, 밖으로 나오도록 합니다.
ㅏ의 가로선은 ㅋ의 가로선보다 위쪽에 위치하도록 합니다.
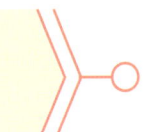

① 자음 쓰기

캬	캬	캬	캬	캬	캬	캬	캬	캬	캬	캬	캬	캬	캬
캬	캬	캬	캬	캬	캬	캬	캬	캬	캬	캬	캬	캬	캬

② 모음과 이중모음 쓰기

캬	커	켸	코	쿄	쿠	큐	크	퀴	쾌	캐	케	콰
캬	커	켸	코	쿄	쿠	큐	크	퀴	쾌	캐	케	콰

③ 받침과 겹받침 쓰기

콱	쿤	컬	쿰	컵	쿳	캉	컥	칸	컴	컨	쿨	컹
콱	쿤	컬	쿰	컵	쿳	캉	컥	칸	컴	컨	쿨	컹

ㅌ의 위와 가운데 가로선은 밖으로 나오도록 긋습니다.
ㅌ의 아래 가로선은 점점 위로 향하도록 하고 기울여서 씁니다.

❶ 자음 쓰기

타	타	타	타	타	타	타	타	타	타	타	타	타
타	타	타	타	타	타	타	타	타	타	타	타	타

❷ 모음과 이중모음 쓰기

타	터	텨	토	툐	투	튜	트	틔	퇘	태	테	틱
타	터	텨	토	툐	투	튜	트	틔	퇘	태	테	틱

❸ 받침과 겹받침 쓰기

탁	툰	탈	툼	텀	툿	탕	턱	탄	틸	턴	툴	팅
탁	툰	탈	툼	텀	툿	탕	턱	탄	틸	턴	툴	팅

표의 아래 가로선은 아래에서 위로 향하도록 뻗칩니다.
표의 앞 가로선은 짧게 내리되, 가로선과 닿지 않도록 유의합니다.

❶ 자음 쓰기

파	파	파	파	파	파	파	파	파	파	파	파	파	파
파	파	파	파	파	파	파	파	파	파	파	파	파	파

❷ 모음과 이중모음 쓰기

파	퍼	펴	포	표	푸	퓨	프	피	폐	패	페	푀
파	퍼	펴	포	표	푸	퓨	프	피	폐	패	페	푀

❸ 받침과 겹받침 쓰기

팍	푠	풀	품	펍	풋	펑	팥	퍽	필	펀	팡	펌
팍	푠	풀	품	펍	풋	펑	팥	퍽	필	펀	팡	펌

ㅎ의 윗점은 약간 기울어지게 긋습니다.
ㅎ의 가로선은 길지 않게 하되, ㅇ과 연결하여 한 번에 씁니다.

① 자음 쓰기

하	하	하	하	하	하	하	하	하	하	하	하	하	하
하	하	하	하	하	하	하	하	하	하	하	하	하	하

② 모음과 이중모음 쓰기

하	허	혀	호	효	후	휴	흐	희	헤	휘	회	화
하	허	혀	호	효	후	휴	흐	희	헤	휘	회	화

③ 받침과 겹받침 쓰기

학	훈	흘	함	협	훗	형	힌	흘	핥	혁	홈	힝
학	훈	흘	함	협	훗	형	힌	흘	핥	혁	홈	힝

도전을 응원하는 명언과 명문장

가장 칭찬받아야 할 사람은 한 번도 실패하지 않은 사람이 아니라 실패할 때마다 다시 일어서는 사람이다.
— 골드 스미스

당신의 재능과 세상의 필요가 교차하는 곳에 당신 삶의 목적이 있다.
— 아리스토텔레스

하루에 3시간을 걸으면 7년 후에 지구를 한 바퀴 돌 수 있다.
— 새무얼 존슨

많은 인생의 실패자들은 포기할 때 자신이 성공에서 얼마나 가까이 있었는지 모른다.
— 토마스 A. 에디슨

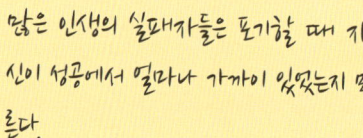

자신이 할 수 있는 일이나 할 수 있을 것이라 꿈꾸는 일이 있다면 무엇이든 시작하라. 그런 담대한 태도에 천재성, 힘, 마법이 담겨 있다.
— 요한 볼프강 폰 괴테

하늘이 장차 어떤 사람에게 큰 임무를 맡기려 할 때에는 반드시 먼저 그의 마음을 괴롭게 하나니, 이는 그가 할 수 없었던 일을 해낼 수 있게 하기 위함이다.
— 맹자

사람을 강하게 만드는 것은 사람이 하는 일이 아니라, 하고자 노력하는 것이다.
— 어니스트 헤밍웨이

신은 자신이 인정하고 사랑하는 자들에게 역경을 주어 단련시키고 시험하고 훈련시킨다. 불운을 당해보지 않은 사람만큼 불행한 사람은 없다.

— 세네카

남이 한 번 해서 잘하면 나는 이것을 백 번 하고 남이 열 번 해서 잘하면 나는 이것을 천 번이라도 해서 이룰 것이다.

— 중용

온통 고난만 가득한 상황에 빠져 단 일 분도 견디기 어렵더라도 결코 포기하지 마라. 흐름이 바뀌는 시기와 장소가 있기 때문이다.

— 해리에트 비처 스토우

시도해 보지도 않고는 누구도 자신이 얼마만큼 해낼 수 있는지 알지 못한다.
— 푸블릴리우스 시루스

길이 가깝다고 해도 가지 않으면 도달하지 못하며, 일이 작다고 해도 행하지 않으면 성취되지 않는다.

— 순자

아무것도 변하지 않을지라도, 내가 변하면 모든 것이 변한다.

— 오노레 드 발자크

우리가 진실로 바라는 것은 단순히 안락한 삶을 사는 것이 아니라 자기 힘을 증대시키는 것이다. 이때 중요한 것은 자신과 싸우면서 자신 스스로를 극복하는 것이다.

— 프리드리히 니체

도전을 응원하는 명언과 명문장

우리가 무엇을 생각하느냐, 무엇을 알고 있느냐, 무엇을 믿느냐는 별로 중요하지 않다. 중요한 것은 결국 우리가 무엇을 행동으로 실천하느냐이다.
- 존 러스킨

세상에서 가장 무서운 것은 가난도 걱정도 병도 아니다. 그것은 생에 대한 권태다.
- 니콜로 마키아벨리

바람은 목적지가 없는 배를 밀어주지 않는다.
- 미셸 몽테뉴

승리는 노력과 사랑에 의해서만 얻어진다. 승리는 가장 끈기 있게 노력하는 사람에게 간다. 어떤 고난의 한가운데 있더라도 노력으로 정복해야 한다.
- 나폴레옹 1세

모든 실패는 성공으로 향하는 발걸음이다.
- 윌리엄 휴얼

길을 가다가 돌이 나타나면 약한 사람은 그것을 걸림돌이라고 말하며, 강한 사람은 그것을 디딤돌이라고 말한다.
- 토머스 칼라일

우리가 어느 날 마주칠 불행은 우리가 소홀히 보낸 지난 시간에 대한 보복이다.
- 나폴레옹

잔잔한 바다에서는 좋은 뱃사공이 만들어지지 않는다.
- 영국 속담

행운은 마음의 준비가 있는 사람에게만 미소를 짓는다.
- 파스퇴르

목적을 이루기 위해서 오랜 인내를 하기보다는 눈부신 노력을 하는 편이 쉽다. 성공하는 데는 두 가지 길밖에 없다. 하나는 자신의 근면, 하나는 타인의 어리석음.
- 라 브뤼에르

아무것도 손쓸 방법이 없을 때 꼭 한 가지 방법이 있다. 그것은 용기를 갖는 것이다.
- 유대인 격언

산을 움직이려 하는 이는 작은 돌을 들어내는 일로 시작한다.
- 공자

더는 갈 곳이 없다는 엄청난 거짓 확신이 수없이 밀려 왔다. 그때마다 내 지혜는 아직 때가 되지 않았다고 말했다.
- 에이브러햄 링컨

앞서가는 방법의 비밀은 시작하는 것이다.
- 마크 트웨인

가장 칭찬받아야 할 사람은 한 번도 실패하지 않은

가장 칭찬받아야 할 사람은 한 번도 실패하지 않은

사람이 아니라 실패할 때마다 다시 일어서는 사람이다.

사람이 아니라 실패할 때마다 다시 일어서는 사람이다.

당신의 재능과 세상의 필요가 교차하는 곳에

당신의 재능과 세상의 필요가 교차하는 곳에

당신 삶의 목적이 있다. 하루에 3시간을 걸으면 7년 후에

당신 삶의 목적이 있다. 하루에 3시간을 걸으면 7년 후에

하루에 3시간을
걸으면 7년 후에
지구를 한 바퀴
돌 수 있다.

도전을 응원하는 명언
새무얼 존슨

지구를 한 바퀴 돌 수 있다. 많은 인생의

지구를 한 바퀴 돌 수 있다. 많은 인생의

실패자들은 포기할 때 자신이 성공에서 얼마나

실패자들은 포기할 때 자신이 성공에서 얼마나

가까이 있었는지 모른다. 자신이 할 수 있는 일이나

가까이 있었는지 모른다. 자신이 할 수 있는 일이나

할 수 있을 것이라 꿈꾸는 일이 있다면 무엇이든

할 수 있을 것이라 꿈꾸는 일이 있다면 무엇이든

시작하라. 그런 담대한 태도에 천재성, 힘, 마법이

시작하라. 그런 담대한 태도에 천재성, 힘, 마법이

담겨 있다. 하늘이 장차 어떤 사람에게 큰 임무를

담겨 있다. 하늘이 장차 어떤 사람에게 큰 임무를

맡기려 할 때에는 반드시 먼저 그의 마음을 괴롭게

맡기려 할 때에는 반드시 먼저 그의 마음을 괴롭게

하나니, 이는 그가 할 수 없었던 일을 해낼 수 있게

하나니, 이는 그가 할 수 없었던 일을 해낼 수 있게

하기 위함이다. 사람을 강하게 만드는 것은 사람이

하기 위함이다. 사람을 강하게 만드는 것은 사람이

하는 일이 아니라, 하고자 노력하는 것이다.

하는 일이 아니라, 하고자 노력하는 것이다.

신은 자신이 인정하고 사랑하는 자들에게 역경을

신은 자신이 인정하고 사랑하는 자들에게 역경을

주어 단련시키고 시험하고 훈련시킨다. 불운을

주어 단련시키고 시험하고 훈련시킨다. 불운을

당해보지 않은 사람만큼 불행한 사람은 없다.

당해보지 않은 사람만큼 불행한 사람은 없다.

남이 한 번 해서 잘하면 나는 이것을 백 번 하고 남이

남이 한 번 해서 잘하면 나는 이것을 백 번 하고 남이

열 번 해서 잘하면 나는 이것을 천 번이라도 해서

열 번 해서 잘하면 나는 이것을 천 번이라도 해서

이룰 것이다. 온통 고난만 가득한 상황에 빠져 단 일 분도

이룰 것이다. 온통 고난만 가득한 상황에 빠져 단 일 분도

불운을
당해보지 않은
사람만큼 불행한
사람은 없다.

도전을 응원하는 명언
세네카

견디기 어렵더라도 결코 포기하지 마라.

견디기 어렵더라도 결코 포기하지 마라.

흐름이 바뀌는 시기와 장소가 있기 때문이다.

흐름이 바뀌는 시기와 장소가 있기 때문이다.

시도해 보지도 않고는 누구도 자신이 얼마만큼

시도해 보지도 않고는 누구도 자신이 얼마만큼

해낼 수 있는지 알지 못한다. 길이 가깝다고 해도

해낼 수 있는지 알지 못한다. 길이 가깝다고 해도

가지 않으면 도달하지 못하며, 일이 작다고 해도

가지 않으면 도달하지 못하며, 일이 작다고 해도

행하지 않으면 성취되지 않는다. 아무것도 변하지

행하지 않으면 성취되지 않는다. 아무것도 변하지

않을지라도, 내가 변하면 모든 것이 변한다. 우리가

않을지라도, 내가 변하면 모든 것이 변한다. 우리가

진실로 바라는 것은 단순히 안락한 삶을 사는 것이

진실로 바라는 것은 단순히 안락한 삶을 사는 것이

아니라 자기 힘을 증대시키는 것이다. 이때 중요한

아니라 자기 힘을 증대시키는 것이다. 이때 중요한

것은 자신과 싸우면서 자신 스스로를 극복하는

것은 자신과 싸우면서 자신 스스로를 극복하는

것이다. 우리가 무엇을 생각하느냐, 무엇을 알고

것이다. 우리가 무엇을 생각하느냐, 무엇을 알고

있느냐, 무엇을 믿느냐는 별로 중요하지 않다.

있느냐, 무엇을 믿느냐는 별로 중요하지 않다.

중요한 것은 결국 우리가 무엇을 행동으로 실천

중요한 것은 결국 우리가 무엇을 행동으로 실천

하느냐이다. 세상에서 가장 무서운 것은 가난도

하느냐이다. 세상에서 가장 무서운 것은 가난도

걱정도 병도 아니다. 그것은 생에 대한 권태다.

걱정도 병도 아니다. 그것은 생에 대한 권태다.

바람은 목적지가 없는 배를 밀어주지 않는다.

바람은 목적지가 없는 배를 밀어주지 않는다.

승리는 노력과 사랑에 의해서만 얻어진다. 승리는

승리는 노력과 사랑에 의해서만 얻어진다. 승리는

가장 끈기 있게 노력하는 사람에게 간다. 어떤 고난의

가장 끈기 있게 노력하는 사람에게 간다. 어떤 고난의

한가운데 있더라도 노력으로 정복해야 한다.

한가운데 있더라도 노력으로 정복해야 한다.

모든 실패는 성공으로 향하는 발걸음이다.

모든 실패는 성공으로 향하는 발걸음이다.

길을 가다가 돌이 나타나면 약한 사람은 그것을

길을 가다가 돌이 나타나면 약한 사람은 그것을

걸림돌이라고 말하며, 강한 사람은 그것을 디딤돌

걸림돌이라고 말하며, 강한 사람은 그것을 디딤돌

이라고 말한다. 우리가 어느 날 마주칠 불행은

이라고 말한다. 우리가 어느 날 마주칠 불행은

우리가 소홀히 보낸 지난 시간에 대한 보복이다.

우리가 소홀히 보낸 지난 시간에 대한 보복이다.

잔잔한 바다에서는 좋은 뱃사공이 만들어지지

잔잔한 바다에서는 좋은 뱃사공이 만들어지지

않는다. 행운은 마음의 준비가 있는 사람에게만

않는다. 행운은 마음의 준비가 있는 사람에게만

미소를 짓는다. 목적을 이루기 위해서 오랜 인내를

미소를 짓는다. 목적을 이루기 위해서 오랜 인내를

하기보다는 눈부신 노력을 하는 편이 쉽다. 성공

하기보다는 눈부신 노력을 하는 편이 쉽다. 성공

하는 데는 두 가지 길밖에 없다. 하나는 자신의 근면,

하는 데는 두 가지 길밖에 없다. 하나는 자신의 근면,

하나는 타인의 어리석음. 아무것도 손쓸 방법이

하나는 타인의 어리석음. 아무것도 손쓸 방법이

없을 때 꼭 한 가지 방법이 있다. 그것은 용기를 갖는

없을 때 꼭 한 가지 방법이 있다. 그것은 용기를 갖는

것이다. 산을 움직이려 하는 이는 작은 돌을 들어내는

것이다. 산을 움직이려 하는 이는 작은 돌을 들어내는

열로 시작한다. 더는 갈 곳이 없다는 엄청난

열로 시작한다. 더는 갈 곳이 없다는 엄청난

거짓 확신이 수없이 밀려 왔다. 그때마다 내 지혜는

거짓 확신이 수없이 밀려 왔다. 그때마다 내 지혜는

아직 때가 되지 않았다고 말했다. 앞서가는 방법의

아직 때가 되지 않았다고 말했다. 앞서가는 방법의

비밀은 시작하는 것이다.

비밀은 시작하는 것이다.

글자를 흘려쓰기 때문에
정자체보다 획이 줄고 글자의
변형이 있다. 빠르고 안정적으로
글씨를 쓸 수 있다는 장점이 있다.
획과 획이 부드럽게 이어지므로
긴장감을 풀고 손을 움직이도록
한다. 거침없이 쓰는 데에
특유의 매력이 있으므로
자신감을 가지고 연습한다.

낙관론자는 꿈이

실현될 것을 믿으며

비관론자는 악몽이

실현될 것을 걱정한다

바르고 믿음직한 글씨체

1. 자음과 모음 연습하며 손글씨 익히기
   - ❶ 자음 쓰기
   - ❷ 모음과 이중모음 쓰기
   - ❸ 받침과 겹받침 쓰기

2. 따라 쓰며 나만의 손글씨 완성하기
   - 삶의 자세를 위한 명언과 명문장

친근하고 예쁜 글씨체

1. 자음과 모음 연습하며 손글씨 익히기
   - ❶ 자음 쓰기
   - ❷ 모음과 이중모음 쓰기
   - ❸ 받침과 겹받침 쓰기

2. 따라 쓰며 나만의 손글씨 완성하기
   - 도전을 응원하는 명언과 명문장

단정하고 부드러운 글씨체

1. 자음과 모음 연습하며 손글씨 익히기
   - ❶ 자음 쓰기
   - ❷ 모음과 이중모음 쓰기
   - ❸ 받침과 겹받침 쓰기

2. 따라 쓰며 나만의 손글씨 완성하기
   - 긍정의 힘을 키우는 명언과 명문장

ㄱ의 가로선은 위에서 아래로 부드럽게 내립니다.
ㄱ의 세로선은 각도에 유의하며 기울여 씁니다.

❶ 자음 쓰기

가	가	가	가	가	가	가	가	가	가	가	가	가	가
가	가	가	가	가	가	가	가	가	가	가	가	가	가

❷ 모음과 이중모음 쓰기

갸	거	겨	고	교	구	국	그	키	괘	계	괴	기
갸	거	겨	고	교	구	국	그	키	괘	계	괴	기

❸ 받침과 겹받침 쓰기

각	곤	걸	굴	곰	갑	곳	골	갉	곲	곯	곳	깃
각	곤	걸	굴	곰	갑	곳	골	갉	곲	곯	곳	깃

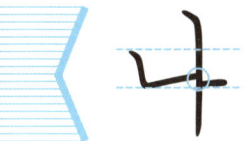

ㄴ의 세로선은 위쪽이 약간 삐치게 만듭니다.
ㄴ과 ㅏ는 서로 닿게 하되, ㅏ의 가로선은 중앙에서 더 처지게 긋습니다.

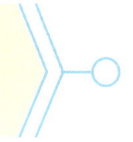

1 자음 쓰기

나	나	나	나	나	나	나	나	나	나	나	나	나	나
나	나	나	나	나	나	나	나	나	나	나	나	나	나

2 모음과 이중모음 쓰기

나	너	녀	느	노	누	뉴	느	녜	뇌	뉘	네	니
나	너	녀	느	노	누	뉴	느	녜	뇌	뉘	네	니

3 받침과 겹받침 쓰기

낙	눈	넝	늘	남	늅	낯	넣	낡	넜	낫	넓	농
낙	눈	넝	늘	남	늅	낯	넣	낡	넜	낫	넓	농

ㄷ의 위 가로선은 짧게, 아래 가로선은 길게 그립니다.
ㅏ의 가로선은 가운데보다 조금 낮게 긋습니다.

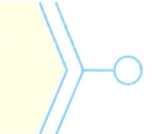

❶ 자음 쓰기

다	다	다	다	다	다	다	다	다	다	다	다	다	다
다	다	다	다	다	다	다	다	다	다	다	다	다	다

❷ 모음과 이중모음 쓰기

다	더	뎌	도	됴	득	드	디	뒤	돼	대	데	되
다	더	뎌	도	됴	득	드	디	뒤	돼	대	데	되

❸ 받침과 겹받침 쓰기

닥	돈	덜	둘	담	둡	덪	닿	닭	닮	덧	당	둑
닥	돈	덜	둘	담	둡	덪	닿	닭	닮	덧	당	둑

ㄹ의 아래 세로선은 위에서 아래로 각도를 기울입니다.
아래 가로선은 부드럽게 끝을 올립니다.

❶ 자음 쓰기

라	라	라	라	라	라	라	라	라	라	라	라	라	라
라	라	라	라	라	라	라	라	라	라	라	라	라	라

❷ 모음과 이중모음 쓰기

라	러	려	로	료	룩	룩	르	리	례	뤼	뢔	레
라	러	려	로	료	룩	룩	르	리	례	뤼	뢔	레

❸ 받침과 겹받침 쓰기

락	론	럴	룰	람	룸	랏	렁	록	랑	럭	롬	란
락	론	럴	룰	람	룸	랏	렁	록	랑	럭	롬	란

ㅁ의 앞 세로선은 약간 삐쳐서 씁니다.
뒤 세로선은 가로선과 연결하여 부드럽게 꺾습니다.

❶ 자음 쓰기

| 마 | 마 | 마 | 마 | 마 | 마 | 마 | 마 | 마 | 마 | 마 | 마 | 마 |

❷ 모음과 이중모음 쓰기

| 먀 | 머 | 며 | 모 | 묘 | 무 | 뮤 | 므 | 뮈 | 믜 | 매 | 메 | 미 |

❸ 받침과 겹받침 쓰기

| 막 | 물 | 말 | 멸 | 뭄 | 맘 | 멍 | 못 | 맑 | 뭇 | 맞 | 먄 | 몽 |

ㅂ의 오른쪽 세로선은 왼쪽 세로선보다 길게 내립니다.
ㅁ은 乙(을)자 모양이 되도록 합니다.

① 자음 쓰기

빠	빠	빠	빠	빠	빠	빠	빠	빠	빠	빠	빠	빠	빠
빠	빠	빠	빠	빠	빠	빠	빠	빠	빠	빠	빠	빠	빠

② 모음과 이중모음 쓰기

빠	뻐	뼈	뽀	쁘	뿍	뿍	쁘	쀠	빼	뾔	쀠	삐
빠	뻐	뼈	뽀	쁘	뿍	뿍	쁘	쀠	빼	뾔	쀠	삐

③ 받침과 겹받침 쓰기

박	쁠	발	뻘	빰	뻠	뻥	뻣	뺣	붉	방	벗	빛
박	쁠	발	뻘	빰	뻠	뻥	뻣	뺣	붉	방	벗	빛

ㅅ의 위는 약간 삐쳐 씁니다.
ㅅ의 벌어진 각도에 유의합니다.

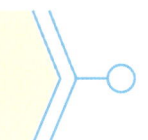

① 자음 쓰기

사	사	사	사	사	사	사	사	사	사	사	사	사	사
사	사	사	사	사	사	사	사	사	사	사	사	사	사

② 모음과 이중모음 쓰기

샤	거	져	스	쇼	수	슈	스	쉬	쇄	새	싀	시
샤	거	져	스	쇼	수	슈	스	쉬	쇄	새	싀	시

③ 받침과 겹받침 쓰기

삭	술	슬	설	슴	섭	상	숫	샀	삶	슬	살	솔
삭	술	슬	설	슴	섭	상	숫	샀	삶	슬	살	솔

ㅇ은 위는 약간 삐치게, 동그라미는 약간 비워 둡니다.
ㅇ과 ㅏ는 적당히 간격을 벌립니다.

① 자음 쓰기

아 아 아 아 아 아 아 아 아 아 아 아 아 아

② 모음과 이중모음 쓰기

야 어 여 오 요 옥 욲 으 위 외 의 예 이

③ 받침과 겹받침 쓰기

악 온 올 옴 엄 옷 앙 앉 않 읽 얼 안 잇

자

ㅅ의 벌린 간격에 유의합니다.
ㅈ과 ㅏ는 가깝게 위치하도록 합니다.

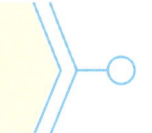

❶ 자음 쓰기

| 자 | 자 | 자 | 자 | 자 | 자 | 자 | 자 | 자 | 자 | 자 | 자 | 자 |

❷ 모음과 이중모음 쓰기

| 쟈 | 저 | 져 | 조 | 죠 | 죽 | 쥭 | 즈 | 지 | 최 | 재 | 제 | 쥐 |

❸ 받침과 겹받침 쓰기

| 작 | 준 | 절 | 즘 | 집 | 장 | 죽 | 젖 | 즘 | 잖 | 적 | 잘 | 징 |

ㅊ의 윗점은 위에서 아래로 향하도록 긋습니다.
ㅊ의 윗점과 세로선을 한 번에 연결하여 씁니다.

① 자음 쓰기

차	차	차	차	차	차	차	차	차	차	차	차	차
차	차	차	차	차	차	차	차	차	차	차	차	차

② 모음과 이중모음 쓰기

챠	쳐	쳐	초	쵸	추	츄	츠	최	취	체	췌	치
챠	쳐	쳐	초	쵸	추	츄	츠	최	취	체	췌	치

③ 받침과 겹받침 쓰기

착	축	출	참	첨	첫	충	춘	창	칡	췩	총	찾
착	축	출	참	첨	첫	충	춘	창	칡	췩	총	찾

ㅋ의 아래 가로선은 ㄱ과 닿지 않도록 합니다.
ㄱ은 부드럽게 그리되, 각도에 유의합니다.

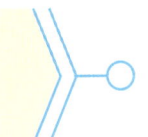

① 자음 쓰기

| 카 | 카 | 카 | 카 | 카 | 카 | 카 | 카 | 카 | 카 | 카 | 카 | 카 |

② 모음과 이중모음 쓰기

| 캬 | 커 | 켜 | 코 | 쿄 | 쿡 | 쿡 | 크 | 퀴 | 쾌 | 캐 | 케 | 콰 |

③ 받침과 겹받침 쓰기

| 칵 | 쿨 | 컬 | 쿰 | 컵 | 쿳 | 캉 | 컥 | 칸 | 컴 | 컨 | 쿨 | 컹 |

ㅌ의 가운데 가로선과 아래 가로선을 한 번에 연결하여 씁니다.
ㅌ과 ㅏ를 붙여 씁니다.

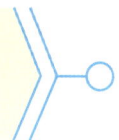

1 자음 쓰기

타	타	타	타	타	타	타	타	타	타	타	타	타	타
타	타	타	타	타	타	타	타	타	타	타	타	타	타

2 모음과 이중모음 쓰기

타	터	텨	토	토	툭	툭	트	퇴	퇴	태	테	튀
타	터	텨	토	토	툭	툭	트	퇴	퇴	태	테	튀

3 받침과 겹받침 쓰기

툭	톨	탈	톰	텁	톳	탕	턱	탄	틸	턴	톨	팅
툭	톨	탈	톰	텁	톳	탕	턱	탄	틸	턴	톨	팅

표의 앞 세로선은 짧게 하되, 가로선과 붙지 않도록 유의합니다.
표의 뒤 세로선은 직선이 아니라 부드럽게 씁니다.

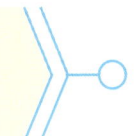

❶ 자음 쓰기

파	파	파	파	파	파	파	파	파	파	파	파	파	파
파	파	파	파	파	파	파	파	파	파	파	파	파	파

❷ 모음과 이중모음 쓰기

파	퍼	펴	포	표	푹	푹	프	피	폐	패	페	푀
파	퍼	펴	포	표	푹	푹	프	피	폐	패	페	푀

❸ 받침과 겹받침 쓰기

픽	폴	폴	폼	펍	폿	펑	팔	퍽	필	편	팡	펌
픽	폴	폴	폼	펍	폿	펑	팔	퍽	필	편	팡	펌

 ㅎ은 맨 위의 점부터 ㅇ까지 한 번에 부드럽게 연결하여 그립니다.
ㅏ의 가로선은 ㅇ보다 조금 더 위쪽에 위치합니다.

① 자음 쓰기

| 하 | 하 | 하 | 하 | 하 | 하 | 하 | 하 | 하 | 하 | 하 | 하 | 하 |

② 모음과 이중모음 쓰기

| 햐 | 허 | 혀 | 호 | 효 | 훅 | 훜 | 흐 | 희 | 혜 | 휘 | 회 | 화 |

③ 받침과 겹받침 쓰기

| 학 | 혼 | 흘 | 함 | 험 | 훗 | 헝 | 힌 | 흙 | 핥 | 헉 | 홈 | 칭 |

긍정의 힘을 키우는 명언과 명문장

행복은 쫓아가 구할 물건이 아니다. 다만 즐거운 표정과 웃음을 늘 띠고 있음으로써 복이 들어오는 근본으로 삼아야 한다.
- 채근담

진정한 행복은 잘 드러나지 않으며, 화려함과 소란스러움을 멀리시 한다. 진정한 행복은 처음에는 자신의 삶을 즐기는 데서, 다음에는 몇몇 선택된 친구와의 우정과 대화에서 온다.
- 조지프 애디슨

자기 자신이 해낸 것을 즐기는, 그리고 자기 자신이 하고 있는 것을 즐기는 사람은 행복한 사람이다.
- 요한 볼프강 폰 괴테

우리는 다른 사람이 가진 것을 부러워하지만, 다른 사람은 우리가 가진 것을 부러워하고 있다.
- 푸블릴리우스 시루스

많은 경험을 가진 사람들의 말에 따르면, 인생에 있어서 정말로 견디기 힘든 것은 나쁜 날씨의 연속이 아니라 오히려 구름 없는 날씨의 연속이다.
- 칼 힐티

다른 사람과 같아지기 위해 삶의 4분에 3을 빼앗기고 있다.
- 쇼펜하우어

낙관론자는 꿈이 실현될 것을 믿으며, 비관론자는 악몽이 실현될 것을 걱정한다.
- 아르키메데스

행복의 원칙은 첫째 어떤 일을 할 것, 둘째 어떤 사람을 사랑할 것, 셋째 어떤 일에 희망을 가질 것이다.
- 임마누엘 칸트

인간의 삶 전체는 단지 한순간에 불과하다. 인생을 즐기자.
- 플루타르코스

걱정해서 걱정이 없어지면 걱정이 없겠네.
- 티베트 속담

지혜로운 사람은 현혹되지 아니하고, 인한 사람은 근심하지 아니하며, 용기 있는 사람은 두려워하지 않는다.
- 논어

하루 동안 착한 일을 하면 복은 비록 이르지 않지만 불행은 멀어질 것이다. 하루 동안 나쁜 일을 하면 불행에는 비록 이르지 않으나 복은 멀어진다.
- 명심보감

우리는 불평을 가짐으로 불평을 말하게 되는데 모든 것을 참고 감사하면 불평은 없어진다.
- 헬렌 켈러

행복을 즐겨야 할 시간은 지금이다. 행복을 즐겨야 할 장소는 여기다.
- 로버트 인젠솔

긍정의 힘을 키우는 명언과 명문장

먼저 베풀어도 당장 돌아오지 않을 때가 많다. 씨앗을 뿌리고 수확을 하려면 많은 시간이 걸리기 때문이다. 그러나 거두려면 먼저 뿌려야 한다.

— 헨리 포드

희망차게 여행하는 것이 목적지에 도달하는 것보다 좋다.

— 로버트 루이슨 스티븐슨

화를 마음에 담고 있는 것은 손에 뜨거운 석탄을 쥐고 다른 사람에게 던지려고 하는 것과 같다. 그 석탄에 손을 데는 것은 바로 자기 자신이다.

— 부처

눈물 흘리지 마라. 화내지 마라. 이해하라.

— 스피노자

화내기는 쉽다. 하지만 적절한 사람에게, 알맞은 만큼, 적당한 때에, 바른 목적으로, 공정한 방법으로 화내기는 모든 이의 한계 밖이며, 결코 쉽지 않다.

— 아리스토텔레스

너무 소심하고 까다롭게 자신의 행동을 고민하지 마라. 모든 인생은 실험이다. 더 많이 실험할수록 더 나아진다.

— 랄프 왈도 에머슨

우리들 마음속엔 삼각형이 있다. 그 삼각형은 나쁜 짓을 할 때마다 마음을 찔러 아프게 한다. 나쁜 짓을 하면 할수록 이 삼각형은 둥그레지고 마음의 아픔도 사라진다.
- 인디언 명언

분노가 폭발되어 파탄에 이르지 않고, 우정이 자연스럽게 식어 서로 헤어질 수 있도록 하라. 이것이 앙금을 남기지 않는 결별법이다.
- 그라시안

이별의 뼈아픔을 맛봄으로써 사랑의 심연을 들여다본다.
- 조지 엘리엇

남의 생활과 비교하지 말고 네 자신의 생활을 즐겨라.
- 콩도르세

최선의 생각을 품어라. 최선의 말을 하라. 최선을 다해 일하라. 그리고 자신의 양심으로 인정받으라.
- 수잔 앤서니

행복은 나비다. 당신이 쫓아다니면 늘 잡을 수 없는 곳에 있지만, 조용히 앉아 있으면 당신에게 내려앉을지도 모른다.
- 나다니엘 호손

웃음이 적은 곳에는 매우 적은 성공밖에는 있을 수가 없다.
- 앤드루 카네기

행복은 쫓아가 구할 물건이 아니다. 다만 즐거운

행복은 쫓아가 구할 물건이 아니다. 다만 즐거운

표정과 웃음을 늘 띠고 있음으로써 복이 들어오는

표정과 웃음을 늘 띠고 있음으로써 복이 들어오는

근본으로 삼아야 한다. 진정한 행복은 잘 드러나지

근본으로 삼아야 한다. 진정한 행복은 잘 드러나지

않으며, 화려함과 소란스러움을 적대시한다.

않으며, 화려함과 소란스러움을 적대시한다.

진정한 행복은 처음에는 자신의 삶을 즐기는 데서,

다음에는 몇몇 선택된 친구와의 우정과 대화에서

온다. 자기 자신이 해낸 것을 즐기는, 그리고 자기

자신이 하고 있는 것을 즐기는 사람은 행복한 사람

이다. 우리는 다른 사람이 가진 것을 부러워하지만,

다른 사람은 우리가 가진 것을 부러워하고 있다.

많은 경험을 가진 사람들의 말에 따르면, 인생에 있어서

정말로 견디기 힘든 것은 나쁜 날씨의 연속이 아니라

다른 사람과
같아지기 위해
삶의 4분에 3을
빼앗기고 있다.

긍정의 힘을 키우는 명언
쇼펜하우어

오히려 구름 없는 날씨의 연속이다.

오히려 구름 없는 날씨의 연속이다.

다른 사람과 같아지기 위해 삶의 4분에 3을 빼앗기고

다른 사람과 같아지기 위해 삶의 4분에 3을 빼앗기고

있다. 낙관론자는 꿈이 실현될 것을 믿으며,

있다. 낙관론자는 꿈이 실현될 것을 믿으며,

비관론자는 악몽이 실현될 것을 걱정한다. 행복의

비관론자는 악몽이 실현될 것을 걱정한다. 행복의

원칙은 첫째 어떤 일을 할 것, 둘째 어떤 사람을 사랑

원칙은 첫째 어떤 일을 할 것, 둘째 어떤 사람을 사랑

할 것, 셋째 어떤 일에 희망을 가질 것이다. 인간의

할 것, 셋째 어떤 일에 희망을 가질 것이다. 인간의

삶 전체는 단지 한순간에 불과하다. 인생을 즐기자.

삶 전체는 단지 한순간에 불과하다. 인생을 즐기자.

걱정해서 걱정이 없어지면 걱정이 없겠네.

걱정해서 걱정이 없어지면 걱정이 없겠네.

지혜로운 사람은 현혹되지 아니하고, 인한 사람은

근심하지 아니하며, 용기 있는 사람은 두려워하지

않는다. 하루 동안 착한 일을 하면 복은 비록 이르지

않지만 불행은 멀어질 것이다. 하루 동안 나쁜 일을

하면 불행에는 비록 이르지 않으나 복은 멀어진다.
하면 불행에는 비록 이르지 않으나 복은 멀어진다.

우리는 불평을 가짐으로 불평을 말하게 되는데 모든 것을
우리는 불평을 가짐으로 불평을 말하게 되는데 모든 것을

참고 감사하면 불평은 없어진다. 행복을 즐겨야 할
참고 감사하면 불평은 없어진다. 행복을 즐겨야 할

시간은 지금이다. 행복을 즐겨야 할 장소는 여기다.
시간은 지금이다. 행복을 즐겨야 할 장소는 여기다.

먼저
베풀어도 당장
돌아오지 않을
때가 많다.
_____

긍정의 힘을 키우는 명언
헨리 포드

먼저 베풀어도 당장 돌아오지 않을

먼저 베풀어도 당장 돌아오지 않을

때가 많다. 씨앗을 뿌리고 수확을 하려면 많은

때가 많다. 씨앗을 뿌리고 수확을 하려면 많은

시간이 걸리기 때문이다. 그러나 거두려면 먼저

시간이 걸리기 때문이다. 그러나 거두려면 먼저

뿌려야 한다. 희망차게 여행하는 것이 목적지에

뿌려야 한다. 희망차게 여행하는 것이 목적지에

도달하는 것보다 좋다. 화를 마음에 담고 있는 것은

손에 뜨거운 석탄을 쥐고 다른 사람에게 던지려고

하는 것과 같다. 그 석탄에 손을 데는 것은 바로 자기

자신이다. 눈물 흘리지 마라. 화내지 마라. 이해하라.

화내기는 쉽다. 하지만 적절한 사람에게, 알맞은

만큼, 적당한 때에, 바른 목적으로, 공정한 방법으로

화내기는 모든 이의 한계 밖이며, 결코 쉽지 않다.

너무 소심하고 까다롭게 자신의 행동을 고민하지

마라. 모든 인생은 실험이다. 더 많이 실험할수록

마라. 모든 인생은 실험이다. 더 많이 실험할수록

더 나아진다. 우리들 마음속엔 삼각형이 있다. 그

더 나아진다. 우리들 마음속엔 삼각형이 있다. 그

삼각형은 나쁜 짓을 할 때마다 마음을 찔러 아프게

삼각형은 나쁜 짓을 할 때마다 마음을 찔러 아프게

한다. 나쁜 짓을 하면 할수록 이 삼각형은 둥그래지고

한다. 나쁜 짓을 하면 할수록 이 삼각형은 둥그래지고

마음의 아픔도 사라진다. 분노가 폭발되어

마음의 아픔도 사라진다. 분노가 폭발되어

파탄에 이르지 않고, 욕정이 자연스럽게 식어 서로

파탄에 이르지 않고, 욕정이 자연스럽게 식어 서로

헤어질 수 있도록 하라. 이것이 앙금을 남기지 않는

헤어질 수 있도록 하라. 이것이 앙금을 남기지 않는

결별법이다. 이별의 뼈아픔을 맛봄으로써 사랑의

결별법이다. 이별의 뼈아픔을 맛봄으로써 사랑의

심연을 들여다보다. 남의 생활과 비교하지 말고
심연을 들여다보다. 남의 생활과 비교하지 말고

네 자신의 생활을 즐겨라. 최선의 생각을 품어라.
네 자신의 생활을 즐겨라. 최선의 생각을 품어라.

최선의 말을 하라. 최선을 다해 일하라. 그리고
최선의 말을 하라. 최선을 다해 일하라. 그리고

자신의 양심으로 인정받으라. 행복은 나비다.
자신의 양심으로 인정받으라. 행복은 나비다.

당신이 쫓아다니면 늘 잡을 수 없는 곳에 있지만,

조용히 앉아 있으면 당신에게 내려앉을지도

모른다. 웃음이 적은 곳에는 매우 적은 성공

밖에는 있을 수가 없다.

이 책은 세종대왕기념사업회에서 개발한
문체부 쓰기 정체와 문체부 쓰기 흘림체 등을 사용하였습니다.

❶ 믿음직하고 단정한 글씨
악필 고치는
손글씨 연습

초판 1쇄 인쇄 : 2016년 6월 7일
초판 1쇄 발행 : 2016년 6월 15일

엮은이 : 손글씨연구회
펴낸이 : 문미화
펴낸곳 : 책읽는달
주   소 : 서울 서대문구 연희로 82, 브라운스톤연희 A동 301호
전   화 : 02)326-1961/02)326-0960
팩   스 : 02)326-0969
블로그 : http://blog.naver.com/bestlife114
등록번호 : 제2010-000161호

ⓒ손글씨연구회, 2016

ISBN 979-11-85053 30-1 14640
ISBN 979-11-85053-29-5 (세트)

*이 책의 무단전재와 무단복제를 금하며, 책 내용의 전부 또는 일부를 이용하려면 반드시 책읽는달의 동의를 받아야 합니다.

*잘못된 책은 본사나 구입하신 곳에서 바꾸어 드립니다. 책값은 뒤표지에 있습니다.